COLLECTION DES OPUSCULES LYONNAIS
N° 2

A. DE MONTAIGLON

UN

VOYAGEUR ANGLAIS

A LYON

SOUS HENRI IV

(1608)

LYON
LIBRAIRIE GÉNÉRALE HENRI GEORG

65, *Rue de la République*, 65

1880

A. DE MONTAIGLON

UN

VOYAGEUR ANGLAIS

A LYON

SOUS HENRI IV

(1608)

LYON

IMPRIMERIE MOUGIN-RUSAND

3, Rue Stella, 3

1880

Extrait de la *Revue du Lyonnais*

de Mai et Juin 1880

et tiré à part à cent vingt exemplaires.

UN VOYAGEUR ANGLAIS

A LYON

SOUS HENRI IV (1608).

A propos de son pays, il est toujours curieux de savoir ce qu'en ont dit les voyageurs étrangers. Ce sont des témoignages qui manquent en général, pour ne pas dire toujours, aux collections spéciales les plus nombreuses et les mieux formées. Comme, en fait d'itinéraires et de voyages en France de ce genre, les bibliothèques provinciales devraient toutes avoir la série des mêmes ouvrages, où il n'y a, d'ailleurs, que quelques pages sur telle ou telle ville, le seul moyen pratiquement raisonnable consiste à extraire le passage qui intéresse.

Il est probable que personne à Lyon ne possède l'édition originale des voyages de l'anglais Thomas Coryat, le pèlerin d'Odcombe, Londres, 1611, in-4°. Elle est plus que rare, et je suis dans le cas de beaucoup d'Anglais qui ne l'ont pas même vue; la réimpression faite en 1776, en trois volumes in-8°, n'est elle-même pas commune. On trouvera le détail des deux éditions dans les *Manuels* de Lowndes et de Brunet.

Mon confrère et ami, M. Robert de Lasteyrie, en a traduit, pour le *Bulletin* de notre Société de l'Histoire de Paris, les passages curieux qui se rapportent à Paris et à Fontainebleau. C'est à lui que je dois de connaître Coryat, et j'ai pensé qu'il était intéressant de faire pour Lyon ce qu'il a fait pour Paris.

Il n'y a pas à parler ici de Coryat lui-même, bien que ce soit un vrai type. Le titre de son livre suffit, à lui seul, pour montrer que c'était un original : « Les crudités de Coryat, rapidement ingurgitées en cinq mois de voyages dans la France, la Savoie, l'Italie, la Rhétie, communément appelée le pays des Grisons, l'Helvétie, autrement la Suisse, quelques parties de la Haute-Germanie et les Pays-Bas, digérées à nouveau dans l'air affamant d'Odcombe, comté de Somerset, et maintenant répandues pour en nourrir les membres voyageurs de ce royaume (d'Angleterre) » avec cette épigraphe :

Quadrigis, pedibus bene vivere navibus atque.

A propos de l'histoire ancienne de Lyon, il est plein de contes à dormir debout, mais il dit bien ce qu'il a vu, et son récit ne sera peut-être pas sans intérêt pour les Lyonnais curieux.

Anatole de MONTAIGLON.

« Je suis parti de Moulins à trois heures de l'après-midi et, à huit heures et demie du soir, je suis arrivé à une ville nommée Saint-Gérand (1), qui en est à seize milles. Dans

---

(1) Saint-Gérand-de-Vaux (Allier), arrondissement de Moulins, commune de Neuilly-le-Réal.

l'intervalle, j'ai rencontré un terrible et tragique spectacle : dix cadavres pendus tout habillés à un beau gibet de pierre, à un mille de Moulins. Leurs corps étaient réduits à rien ; il n'y avait plus que leurs os et les haillons en lambeaux de leurs vêtements.

« J'ai aperçu les Alpes quelques milles après avoir passé Saint-Gérand, et elles étaient visibles quarante milles avant que je ne les aie atteintes. Celles qui séparent l'Allemagne et l'Italie, et celles qui séparent la France et l'Italie ne sont pas les mêmes Alpes; elles sont éloignées l'une de l'autre par une distance de beaucoup de milles.

« De Saint-Gérand, je suis parti à cheval, en poste à quatre heures du matin, le second jour de la lune qui était un jeudi, et je suis arrivé le même jour à deux heures, pour dîner à un endroit appelé Saint-Saphorin-de-Lay (1), qui en est éloigné de vingt milles. Sur la route je n'ai rien vu de remarquable.

« Je suis parti de Saint-Saphorin-de-Lay à trois heures de l'après-midi et, aux environs de huit heures du soir, je suis arrivé à une petite ville appelée Tarare, qui en en est à sept milles.

« Entre Saint-Saphorin et Tarare, j'ai remarqué trois choses.

« Presque tous les troupeaux que j'y ai vus, et j'en ai vu beaucoup, étaient d'un noir de charbon. Il y avait une grande quantité de pins sur toutes les montagnes par lesquelles je passais, car tout le pays entre Saint-Saphorin-de-Lay et de Tarare est si montagneux qu'on n'y peut avoir de chemin plat, et, pour arriver à Tarare, ce sont toujours des montées et des descentes continuelles. La troisième

---

(1) Saint-Symphorien-de-Lay (Loire), arrondissement de Roanne.

observation était la quantité de beaux bois qui garnissaient les cîmes et les flancs de ces montagnes

« A Tarare j'ai vu une chose très admirable, une femme n'ayant que des moignons au lieu de mains, et je ne sais si cette difformité était originelle ou accidentelle, mais elle filait du lin à la quenouille et faisait son fil avec ses moignons aussi adroitement et aussi vite qu'aucune femme que j'aie vu filer avec ses mains.

« Par suite d'un accident, je suis parti de Tarare à pied le trois juin, à six heures du matin, pour aller à six milles de là où j'ai pris un cheval de poste, et je suis arrivé à Lyon à une heure de l'après-midi.

« Entre Lyon et l'endroit où j'ai pris la poste, il plut sans interruption et tellement que j'étais mouillé jusqu'aux os quand je suis arrivé à mon auberge.

« Avant d'entrer dans la ville j'ai traversé trois portes. La seconde était très belle, et sur un de ses côtés il y a une très belle peinture d'un lion. Quand j'atteignis la troisième porte, je ne pus entrer dans la ville avant que le portier, qui s'informa d'abord d'où je venais et de ce que je venais faire, ne m'eût donné un billet de sa main pour me faire recevoir dans mon auberge. Sans cela je n'aurais pas été admis à loger dans l'enceinte des murailles de la ville.

MES OBSERVATIONS SUR LYON

« Jules César à écrit ce sixain sur Lyon :

Flumineis Rhodanus qua se fugat incitus undis,
Quaque pigro dubitat flumine mitis Arar
Lugdunum jacet, antiquo novus orbis in orbe,
Lugdunumve vetus vetus orbis in orbe novo.
Quod nolis, alibi quæras ; hic quære quod optas ;
Aut hic aut nusquam vincere vota potes.

« Lyon est une belle ville, située dans cette partie de la France qu'on appelle le Lyonnais. Elle est très ancienne, car elle a été fondée par un noble Romain nommé Munatius Plancus, disciple de Cicéron et excellent orateur. Comme il était gouverneur de la *Gallia comata*, il commença à jeter les fondements de Lyon la dix-neuvième année du règne d'Auguste et vingt-trois ans avant l'incartion du Christ. Vers la même époque, il construisit, en Suisse, la ville de Rauraca, ou d'Augusta, à peu de distance de la fameuse ville de Bâle, mais maintenant si détruite qu'il n'en subsiste que des ruines. Dans la ville de Bâle j'ai vu, dans la cour du *Prætorium* du Sénat, une belle statue qui était récemment érigée en l'honneur de ce Munatius Plancus, avec sur la base une inscription élogieuse pour avoir fondé la cité de Rauraca. Mais la plus belle des deux a été cette ville de Lyon qui, d'un côté, est posée sur des rochers et des coteaux très élevés, et de l'autre s'étend sur une plaine très ample et très spacieuse.

« Elle a de solides murailles comme fortifications, sept portes, des rues belles et nombreuses, et de magnifiques bâtiments publics et privés ; elle est très populeuse, et l'on estime, qu'après Paris, c'est le plus important marché et la ville la plus importante de la France.

« C'est le siège d'un archevêque qui est Primat et Métropolitain de France. L'archevêque actuel, qui s'appelle Bellièvre et qui est le fils du Chancelier, est très jeune et n'a pas aujourd'hui plus de treize ans (1).

« La plupart des maisons sont d'une hauteur excessive,

---

(1) Pompone de Bellièvre, Chancelier de 1599 à 1605, mourut à Paris le 5 septembre 1607, à 78 ans. Deux de ses fils ont été archevêques de Lyon, Albert, de 1599 à 1604, et Claude, de 1604 à sa mort, arrivée le 26 avril 1612.

car elles ont six ou sept étages au-dessus de celui qui est sous terre, car sous presque toutes les maisons il y a des caves voûtées.

« J'ai remarqué que les fenêtres sont fermées avec du papier blanc. Dans beaucoup de cas, la fenêtre tout entière est de la sorte ; dans d'autres, la partie inférieure est de papier blanc et la partie supérieure est garnie de verres (1). Presque toutes les maisons sont en pierre de taille blanche.

« C'était dans cette ville que les Romains frappaient

---

(1) Dans la réimpression de la description de Lyon, de Bombourg, que j'ai réimprimé en 1862, avec M. Rolle, dans le premier volume de la seconde série des Archives de l'Art français, j'ai eu occasion de parler incidemment de cette habitude lyonnaise qui frappait encore un autre voyageur anglais au XVIIIe siècle :

« Les meilleures maisons sont assez élégantes, mais les fenêtres des autres font triste figure ; elles sont garnies de papier huilé au lieu de vitrages. Les négociants ne veulent pas convenir que c'est par épargne ; ils prétendent que le papier huilé empêche la grande ardeur du soleil. On en voit souvent s'arracher et se déchirer, ce qui fait un très vilain effet. » *Voyage en France, en Italie et aux îles de l'Archipel*, traduit de l'anglais du docteur Maihows par M. de Puyzieulx ; Paris, Charpentier, 1767, tome I, lettre XXVIII, p. 268. Le Vieil, qui, dans la troisième partie de son *Art de peindre sur verre*, a consacré techniquement tout le chapitre VI, p. 235-7, à l'usage de garnir des châssis en papier au lieu de verre, n'a pas manqué de parler de cette habitude lyonnaise. Au XVIIe siècle, elle était encore italienne, car voici ce que dit en 1656 le sieur Audeber, dans son Voyage et observations de plusieurs choses diverses qui se remarquent en Italie ; Paris, Germain Clouzier, p. 147 : « Quant aux verrières, elles ne sont faites que de petits rondeaux en verre roux et espais, et semblent autant de pattes (*sic*) de verre, ayant les bords ronds et renforcez et au milieu un gros nœud demy rabboteus. Encores, telles qu'elles sont, il y en a fort peu, et le verre en vient d'Allemagne ; mais l'ordinaire est d'avoir du papier huilé, et, aux meilleures maisons, de toile cirée, mesme aux plus beaux palais, sinon quelques salles de la Chambre des Seigneurs, qui ont les verrières telles que dessus. Toutefois il y a un lieu excepté, qui est Venise, où le verre est plus commun. »

Il y a aussi, dans Tallemant, l'histoire d'un homme, maniaque leurs monnaies d'or ou d'argent et que de toutes les parties de France on leur apportait les tributs et les rentes, ce dont ils tiraient un si grand revenu que la seule France était considérée comme le soutien principal de l'empire romain.

« Quand Lyon eut commencé d'être fondé et habité par les Romains, des nobles de Rome et les principaux généraux des armées romaines, charmés des agréments de ce lieu, vinrent y fixer leur habitation et y construisirent des

---

comme Madame de Sablé ou l'abbé de Saint-Martin, qui mourut, après des épreuves alternées, sans avoir pu se résoudre à décider lequel lui était le plus chaud du verre et du papier huilé. A Lyon, ce n'est pas seulement l'épargne qui était la cause de cette préférence ; la qualité du jour, douce, égale et sans reflets, pouvait bien y être pour quelque chose dans une ville manufacturière, et, de notre temps, les cadres de papier végétal derrière lesquels travaillent les architectes, les graveurs, les peintres en miniature, n'ont pas en réalité d'autre but.

Les comptes de la ville démontrent qu'au XVIe siècle on se servait de châssis en papier pour garnir les fenêtres de l'Hôtel-de-Ville, et cela concurremment avec les verrières. Au reste, cet ancien usage est encore suivi de nos jours dans les cabinets de dessinateurs de fabrique, et de là il s'est étendu aux magasins des commissionnaires en soieries de la ville. Seulement, le papier, qui est colorié en vert tendre d'un seul côté, s'applique intérieurement contre les larges vitres des fenêtres. »

Dans un volume antérieur de la première série, V, 66-7, on trouve, dans une pièce du milieu du XVe siècle, la quittance d'un « verrier et peintre », la mention de toile térébenthinée et losangée en façon de verrines « qui sont en la Question qui est entre la Geolle et les Cohucs du château de Rouen. »

Enfin, dans la dernière livraison des *Nouvelles Archives de l'art français* (2e série, I, 1879, p. 266), M. Rondot a publié cette mention lyonnaise :

« A Pierre d'Aubenas, verrier, pour les cinq verrières de la chambre qui a été faicte neufve pour ceulx *qui refont les papiers* en l'oustel de la ville et pour avoir radoubé les verrières de la grand sale devant dudit hostel ou dit moys d'octobre (1493), la somme de cent trois sous, neuf deniers tournois. » Les *papiers refaits* pour l'Hôtel-de-Ville doivent se rapporter à la garniture de ses fenêtres, alors que la grande salle était la seule à avoir des vitres de verre.

palais somptueux et magnifiques. Mais, pendant le temps où Jésus-Christ vivait sur la terre, la ville fut en proie à un si lamentable incendie qu'elle en fut absolument détruite et réduite en cendres, et Sénèque, dans une lettre à son ami Liberalis, qui était de Lyon, en parle ainsi :

Unius noctis incendium totam stravit urbem ut una scilicet nox interfuerit inter urbem maximam et nullam, tanta fuit incendii vis et celeritas.

« A la suite de ce désastre, la ville fut somptueusement reconstruite ; mais, environ quatre cent cinquante ans après cet incendie, Attila, roi des Huns, qui venait de la Pannonie, après avoir ruiné de nombreuses villes en France, en Italie et en Allemagne, dévasta aussi la ville de Lyon.

« Lyon est arrosé par deux beaux fleuves. L'un, qui est appelé en français la Saône, a en latin deux noms, *Arar*, qui se trouve dans les poètes de l'antiquité païenne, et *Sangona*. Ce dernier vient de *sanguis ;* quand les saints martyrs chrétiens furent cruellement torturés et mis à mort par les persécuteurs et tyranniques empereurs romains, dans l'amphithéâtre dont j'ai vu les ruines sur le sommet de la haute colline d'un des côtés de la ville, le sang de ces martyrs coula si abondamment de cette colline dans une certaine rue, qui, depuis ce temps, a porté le nom de *Gongilion, quasi Goggylion*, à ce que j'y comprends, ce qui vient du mot grec γογγύζω, c'est-à-dire *murmurer*, qu'il descendit avec une si étonnante violence dans la rivière Arar qu'il l'imprégna et la teignit en rouge sur une longueur de vingt milles, et à la fin ce sang arriva à former dans la ville de Mâcon une petite montagne qui finit par se réduire à rien. C'est, dis-je, pour cette raison que l'Arar a reçu le nom de Sangona (1).

« Le nom de cette rivière se trouve dans le territoire français des peuples bourguignons qui sont appelés *Sequani*.

« Il y a sur cet Arar un beau pont de pierre de dix arches, et l'on dit qu'il a été construit aux frais de l'un des évêques de cette ville, nommé Humbertus.

« L'autre fleuve est appelé *Rhodanus* et il a été très célébré par les anciens poètes latins pour la rapidité de son cours. J'ai constaté, en effet, que c'est le fleuve le plus rapide que j'aie jamais vu dans mes voyages, excepté seulement le Lezère en Savoie, et il court bien plus rapidement que l'Arar qui se confond avec lui, ce qui ne m'a pas causé un médiocre étonnnement.

« Ce fleuve a sa source, dans les Alpes Rhétiques, sur une montagne élevée appelée *la Furca*, où il commence très petitement; mais après avoir été successivement augmenté par un grand nombre de petites rivières qui descendent des Alpes, il passe par le pays du Valais, traverse le grand lac *Lemanus*, en sort à Genève et arrive ensuite à la ville de Lyon. Quelques personnes font venir le nom de *Rhodanus* du mot latin *rodere*, qui signifie *ronger*, parce que dans de certains endroits il ne cesse de ronger et de détruire ses bords.

« Suétone, dans la vie de Jules César, écrit que César, revenant des guerres d'Afrique à Rome et ayant obtenu

---

(1) M. Raverat est d'avis que l'amphithéâtre, différent de l'ancien théâtre, était non pas en haut, mais en bas de la colline « entre le Treyve du Gourguillon et la rue de la Bombarde, sur une partie de la rue Tramassue et de la place Saint-Jean, là où l'on voit aujourd'hui le Petit Séminaire. » Voir dans la *Revue des Sociétés savantes*, 7e série, I, p. 429-31, le compte-rendu des réunions de la Sorbonne en avril 1879.

l'honneur d'un quadruple triomphe, fit curieusement faire en or une statue de ce fleuve Rhodanus et la fit porter en public dans son premier triomphe qui se rapportait à la France, parce que c'était le principal fleuve de ce pays, dont la conquête lui avait coûté presque dix années.

« Il y a aussi sur ce fleuve un très beau pont et, à côté de ce pont, dix beaux moulins, sept d'un côté et trois de l'autre. Un peu plus loin que la fin de la ville, se trouve le confluent de l'Arar et du Rhodanus, et, quand l'Arar s'est mêlé avec le Rhône, il perd son nom. Sur l'Arar, il y a une rangée de bateaux enchaînés ensemble, qui font que les bateaux qui sont dans la ville n'en peuvent sortir et qu'aucun n'y peut entrer sans la permission des magistrats.

« Du côté méridional et montagneux de la ville, il y a un escalier très long et élevé composé de cent quatorze marches de pierre, et, à la suite de ces degrés, un long chemin empierré, très raide, au moins de la longueur d'un demi-mille. Il conduit au sommet de la colline, où se trouve un grand nombre de monuments antiques. L'un, qui est construit sur le point le plus élevé, est le temple de Vénus, qui est aujourd'hui devenu un collège de chanoines. C'est aussi là qu'on voit les ruines du grand amphithéâtre où la constance des serviteurs de Jésus-Christ consentit à souffrir d'intolérables tortures en son honneur, et je l'appelle un grand amphithéâtre parce qu'on dit qu'il pouvait contenir au moins cinquante mille personnes.

« Quant aux martys qui y ont souffert, il en est fréquemment question dans la plupart des vieux historiens ecclésiastiques, notamment dans Eusèbe, évêque de Césarée. Il a écrit un récit, non moins tragique qu'étendu, des cruelles souffrances d'Attalus, de Sanctus, de Maturus et de l'héroïque Blandine, qui, pour confesser leur foi en leur Rédempteur, furent à cette place barbarement brûlés dans des sièges de fer pendant la quatrième persécution de la primitive Eglise, sous le règne de l'empereur Antoninus Verus. Celui qui voudra connaître la tragique et pitoyable histoire de leur martyre, et pour moi, je ne l'ai jamais lue sans fondre en larmes, la pourra lire dans la lettre des frères de Lyon et de Vienne à leurs frères d'Asie et de Phrygie, dans le cinquième livre et dans la seconde épître de l'Histoire ecclésiastique d'Eusèbe.

« Au nombre des évènements qui ont illustré la ville de Lyon, ce n'est pas l'un des moindres que la mort de Pontius Pilate, préfet ou président des Romains en Judée, sous lequel notre bienheureux Sauveur a souffert la mort. Je ne veux pas dire que la ville ait rien gagné à ce que Pilate y soit mort ; mais je dis qu'elle était alors plus illustre et plus célèbre que toutes les villes de l'Europe, car, lorsque, peu de temps après l'ascension du Christ, Pilate fut mandé à Rome par ordre de l'empereur Tiberius César, on lui reprocha tant de méfaits qu'il fut dépouillé de sa charge et exilé dans cette ville de Lyon, où il finit par se tuer lui-même, à ce que rapportent de bons historiographes.

« C'est aussi à Lyon que Magnentius, qui avait été proclamé empereur en opposition à l'empereur Constantin, le troisième fils de Constantin le Grand, s'est tué avec autant de rage que le susdit Pilate, peu de temps après avoir été défait par les armées de Constantin dans une grande bataille, livrée auprès de Murcie en Espagne.

« C'est aussi à Lyon que le tyran Maximius tua le bon empereur Gratian dans la vingt-neuvième année de son âge et lorsqu'il allait en Italie demander à son frère Valentinien du secours contre les légions rebelles de la Grande-Bretagne.

« C'est encore près de cette ville que Clodius Albinus fut vaincu dans une mémorable et fameuse bataille par l'empereur Septimius Severus, auquel il disputait l'empire. Quelques-uns ont écrit qu'après l'avoir fait prisonnier dans le combat, Severus lui fit trancher la tête ; d'autres affirment qu'après avoir foulé le cadavre de son ennemi aux pieds de son cheval, il le fit ensuite jeter dans le Rhône.

« Il y a dans cette ville de nombreuses églises, dont voici les noms : Saint-Jean, qui est la cathédrale et que j'ai visitée ; — Saint-Paul, que j'ai visité aussi ; — Les Capucins ; — les Minimes ; — les Observantins ; — les Chartreux ; — Saint-Georges ; — *S. Justus;* — *S. Ireneus;* — Saint-Justin, martyr ; — les Augustins ; — les Célestins ; — l'église *Sancti Spiritus ;* — de Marie-Madeleine ; — de Sainte-Catherine ; — les Carmélites ; — les Jésuites ; — les Franciscains ; — de Sainte-Claire ; — Saint-Pierre ; — Saint-Sorlin ; — *S. Claudius;* — la Déserte (the Desert temple), où sont des Religieuses ; — *S. Vincentius;* — *S. Antonius;* — l'église des Frères de la pénitence de l'Ordre de saint Louis, le saint roi de France ; — *S. Marcellus ;* — les Bénédictins ; *Æneas* (et non *S. Æneas*), où il y avait autrefois un collège d'Athéniens ; — Saint-Jacques-le-Majeur ; — une église qu'on appelle *Forum Veneris* (Fourvière) ; — Saint-Nizier (*S. Nicesius*) ; — *S. Cosmas et Damianus;* — Saint-Etienne ; — Sainte-Claire ; — Saint-Roch ; — Saint-Laurent ; — une église appelée *Hospitium Dei,* qui est un hôpital pour les pauvres gens ; — une église des Confortins (Notre-Dame de Confort). Le chiffre total des églises est de trente-neuf.

« Les deux églises d'*Irenæus* et de *Justinus martyr,* auraient, au dire de quelques-uns, été construites par eux-mêmes ; mais je ne crois pas que cela soit vrai. Sous les empereurs païens, la persécution de l'Eglise a été de leur temps si violente que je ne pense pas qu'il y eût alors d'églises bâties pour l'exercice de la religion chrétienne. Irénée et Justin vécurent ensemble, environ un siècle après le

Christ. Irénée, qui fut le premier évêque de Lyon, était le disciple de Polycarpe, évêque de Smyrne en Asie, qui avait été l'un des trois disciples de saint Jean l'Evangéliste, et cet Irénée a écrit, sur les hérésies antérieures à lui et celles de son temps, des livres qui existent encore. Justin, qui laissa le paganisme pour devenir chrétien, a écrit en grec d'excellents traités fort estimés de son temps, une Apologie des chrétiens adressée à l'empereur Adrien et à Antonin-le-Pieux, et un traité contre le juif Triphon. Irénée et Justin finirent par subir le martyre, et j'ai vu, sur l'une des rives de l'Arar, les ruines de l'ancienne église de Saint-Irénée.

« J'ai visité le Collège des Jésuites où il y a beaucoup de choses à voir, notamment les diverses classes où l'on enseigne les sept arts libéraux, et où l'on fait des leçons publiques. Dans leur classe de grammaire j'ai vu, occupés à leurs exercices, un grand nombre de jeunes gentilshommes et d'autres écoliers moins fortunés. La salle en est très belle, et elle est décorée de beaucoup d'ornements qui l'embellissent singulièrement, surtout les peintures, et parmi celles-ci une où une main, tenant une épée, est accompagnée de la devise grecque : Ἐν μονάδι τρίας, ainsi qu'une autre avec la devise héroïque de l'hémistiche d'Homère :

Εἰς κοίρανον ἔσω.

« La fin du vers est :

Οὐκ ἀγαθὸν πολυκοιρανίη.

« Leur cloître est très beau, et est orné depuis peu des représentations peintes de six des Apôtres. Près de ce cloître est un beau petit jardin.

« Un des jésuites, qui me reçut très aimablement, me montra leur bibliothèque, qui est remarquablement somptueuse et très bien garnie de livres. Il me montra l'exemplaire de la bible du roi d'Espagne (1), qui leur a été donné par le roi Henri IV. Dans cette bibliothèque, il y a un grand nombre de livres sur toutes les facultés, mais le plus grand se rapporte à la théologie. Elle a aussi les portraits de leurs bienfaiteurs, dont beaucoup ont été cardinaux, comme le cardinal *Borromeus*, archevêque de Milan, le cardinal de Tournon, etc. En outre, ils possèdent les ouvrages de tous les saints auteurs de leur Ordre, et les portraits de tous ceux de leur Ordre qui ont souffert la mort en prêchant leur doctrine. Parmi ceux-ci il y a le portrait d'Edmond Campion, avec au-dessous, en lettres d'or, son éloge relatant pourquoi, comment, et où il est mort (2).

« Enfin ce jésuite me conduisit dans leur église où il me fit voir un très magnifique autel, avec de belles colonnes très richement dorées, et il me dit que ces colonnes ne devaient rester là que peu de temps et être ensuite transportées ailleurs. Leur société ne compte que soixante membres, mais pour ceux qui sont éduqués par ces soixante, il n'y en a pas moins de quinze cents qui, en dehors et loin du Collège principal, ont dans la ville d'autres classes, ce qui sert de séminaire pour instruire leurs Novices.

« Le samedi cinq juin j'ai été pour l'office du soir au

---

(1) La *Polyglotte*, commencée sous les auspices de Philippe II, et qui est l'œuvre du bénédictin Arias Montanus, a paru à Anvers, chez Plantin, de 1569 à 1573, en 8 volumes in-folio. Voir Brunet, I, colonne 851.

(2) Edmond Campion, jésuite anglais, pendu en 1580 à Londres sous le règne d'Elisabeth d'Angleterre. Voir le P. Bombino, *Vita et martyrium Edmundi Campiani, martyris Angli,* et toutes les histoires d'Angleterre. Son portrait était d'autant plus curieux pour Coryat qu'il était son compatriote.

couvent des Bénédictins (1). Dans le chœur de leur église, j'en ai vu dix en prière. Ils étaient vêtus de robes noires sur lesquelles ils avaient des surplis de soie noire légère; l'un d'eux était le plus bel homme que j'aie jamais rencontré dans toute la France. Dans une chapelle voisine du chœur, il y a un rétable, très ancien et très riche, avec une représentation du Christ et de la Vierge Marie, très exquisement peinte et dorée, mais elle a beaucoup perdu de son ancienne beauté; on dit qu'elle a été la plus belle peinture de la France.

« Auprès de ce couvent, se trouve un très charmant et très plaisant jardin de l'archevêque de Lyon, le plus beau de ceux que j'aie vus dans toute la France, à l'exception de ceux des Tuileries et de Fontainebleau. Ce jardin a de nombreuses belles allées et une grande abondance de fruits exquis de diverses espèces, et un grand nombre de carrés plantés pour le plaisir et pour le profit. Il y a aussi une belle pépinière de jeunes arbres, et à l'état de point de vue, le plus beau bosquet que j'aie jamais vu; il est entouré d'un grand nombre de beaux arbres, qui au printemps forment une vue délicieuse.

« Beaucoup des mules du roi viennent à Lyon chargées de marchandises, et c'est là qu'on les décharge de ce qu'elles ont apporté. Elles ont sous leurs museaux des musettes en osier où l'on met du foin qu'elles mangent en marchant. Comme frontière et comme œillères on leur met trois plaques de métal, en cuivre ou en laiton, marquées des armoiries royales. De leur front sur leur nez pendent des morceaux de draps de couleur, qui sont généralement rouges et garnis de longues franges et d'un grand nombre de glands en forme de houppes mobiles.

---

(1) L'abbaye des Bénédictins d'Ainay, sécularisée depuis, en 1685, en vertu d'une bulle d'Innocent XI.

Sur le pont de l'Arar, j'ai causé avec un pèlerin. Il m'a dit qu'il avait été à Compostelle, en Espagne, et qu'il allait à Rome, mais qu'il devait nécessairement passer par Avignon, ville de France qui depuis de longues années a appartenu au pape. J'ai beaucoup parlé avec lui en latin, et il m'a dit qu'il était né à Rome. Je l'ai trouvé bonhomme, mais il parlait un assez mauvais latin, comme un Priscianiste le peut faire.

« J'ai logé à l'enseigne des *Trois Rois* (1). C'est la plus belle auberge de toute la ville, la plus fréquentée, et celle où descendent les personnes de marque. Avant que je n'y arrive, c'est là qu'était descendu le comte d'Essex avec toute sa suite ; il y était arrivé le samedi et en était parti le jeudi suivant, un jour exactement avant celui où j'y suis venu. Au moment où j'y étais, s'y trouvait également M. de Brèves, un des grands nobles de France, qui pendant de longues années avait été ambassadeur à Constantinople, et allait à Rome en qualité d'ambassadeur (2). Il avait dans sa suite deux Turcs qu'il avait ramenés de Turquie; l'un de ces deux était un Maure nègre, qu'il avait en qualité de fou et qui était un très amusant et très joyeux compagnon. Dans tout le voyage, ce Maure ne portait pas de chapeau ; quand il nous rejoignit à cheval sur la route, il n'en avait pas, et, quand il était arrivé dans une ville, ses cheveux naturels, qui étaient à la fois épais et naturellement bouclés, avaient une telle hauteur qu'ils lui tenaient lieu de chapeau.

---

(1) Cette hôtellerie se trouvait rue de Bourgneuf, près la rue de l'Angile.

(2) François Savary, comte de Brèves, avait accompagné à Constantinople son oncle Jacques de Savary Lancosme en 1581, et fut ambassadeur en titre de 1591 à 1606. Ses voyages ont été imprimés après sa mort en 1628. Son ambassade à Rome est de 1608.

« Le second Turc était un homme distingué et dans son genre très lettré, car, outre cinq et six langues, il parlait très bien le latin. Il était né à Constantinople. J'ai causé avec lui en latin sur beaucoup de matières, et entr'autres questions je lui ai demandé s'il avait été baptisé, ce à quoi il m'a répondu qu'il ne l'avait pas été, et qu'il ne voudrait jamais l'être. Après cela, nous parlâmes du Christ, qu'il reconnaissait pour un grand Prophète, mais non pour le fils de Dieu ; il affirmait que pas un de ses compatriotes ne le voudrait adorer puisqu'ils adoraient uniquement le vrai Dieu, créateur du ciel et de la terre. Nous autres Chrétiens il nous traitait d'idolâtres parce que nous vénérions des images ; c'est un excellent jugement quand on l'applique convenablement à cette sorte de chrétiens qui méritent cette imputation d'idolâtrie. A la fin je suis tombé avec lui en une forte argumentation en faveur du Christ et, comme il lui était désagréable de me répondre, il quitta brusquement ma compagnie.

« Il me dit que le Grand Turc, qui s'appelle le Sultan Achomet, n'a pas plus de vingt-deux ans, et que, soit en paix, soit en guerre, il ne cesse pas d'entretenir et de payer deux cent mille soldats pour la défense des pays où ils ont leur résidence. C'est certainement pour le Grand Turc une très lourde charge, et sur ce point je trouve qu'il dépasse de beaucoup les anciens empereurs de Rome qui, pour suffire à la dépense, avaient certainement un plus grand empire et de plus grandes ressources que lui. En effet, dans toutes leurs provinces d'Asie, d'Europe et d'Afrique, ils n'avaient que vingt-cinq légions, dont chacune, d'après le témoignage de Végèce, n'avait que onze cents fantassins et sept cents cavaliers. Il y avait en outre à Rome douze cohortes Prétoriennes et Urbaines pour la garde du Palais des Empereurs ; la principale était de quinze cents fantassins et de cent trente-deux cavaliers ; chacune des autres n'avait que cinq cent cinquante fantassins et soixante-six cavaliers. Comme somme, je trouve donc que le total est inférieur de trente mille à ceux que le Grand Turc d'aujourd'hui entretient à l'état de garnison. Ce savant Turc m'apprit aussi beaucoup d'autres choses considérables que j'écrirai à une autre place.

« Dans la nuit du samedi quatre juin, demeurait dans mon auberge un digne jeune noble Français, chevalier de Malte et frère du duc de Guise (1). Il eut à son souper d'excellente musique, et après souper, lui et ses compagnons, qui étaient de galants et d'aimables gentilshommes, dansèrent dans la cour de l'auberge des courantes et des voltes. Il partit d'ici le dimanche après le dîner, qui était le cinquième juin.

Du côté méridional de la plus grande cour de mon hôtellerie, celle qui est à côté de la grande salle, car la maison a deux ou trois cours, on lit cette jolie inscription française: *On ne loge céans à crédit, car il est mort ; les mauvais payeurs l'ont tué*. Sur le côté méridional de la muraille d'une autre cour, était peinte une histoire très gaie et très amusante (2).

« On y voyait un porte-balle avec sa mallette pleine de menus objets ; il s'était endormi en chemin, et une troupe de singes se pressait autour de lui et lui volait toute sa mar-

---

(1) François-Alexandre-Paris, fils posthume du duc de Guise tué à Blois ; il était lieutenant-général de Provence sous son frère Charles de Lorraine, et il devait être tué d'un éclat de canon au château de Baux en juin 1614.

(2) On la trouve entre autres dans les Cento Novelle antiche, xcviii : « Uno mercatante, che recava berrette, se li bagnaro, et, avendole tese, si vi appariro molte scimmie, e catuna se ne mise una in capo e fuggivano su per li alberi. A costui ne parve male. Torno indietro, e compero calzari, e presoli, e fecene buon guadagno. »

chandise pendant son sommeil. Quelques-uns de ces singes étaient peints avec sur leur dos les poches et les bougettes qu'ils avaient prises dans le sac du porte-balle ; ils grimpaient aux arbres les uns avec des besicles sur leur nez, d'autres avec des colliers autour de leurs cous, d'autres avec des lanternes et des encriers à la main, d'autres avec des croix et des encensoirs, d'autres avec des cartes dans leurs mains, tous objets dérobés à la mallette. Dans le nombre, un des singes enlevait les culottes du porte-balle et lui baisait le derrière à nu. Toutes ces belles drôleries semblaient comporter un sens joyeux, mais en vérité je ne vois pas quel sens moral on en pouvait tirer.

« Le jour où je partis de Lyon, qui était le lundi 6 juin, j'ai vu fouetter publiquement dans les rues un compagnon, si solide d'ailleurs que, quoiqu'il reçût plus d'un coup violent, il semblait n'en ressentir aucune douleur.

« C'est à Lyon que nous avons commencé à avoir des billets de santé, sans lesquels nous n'aurions pu être reçus dans aucune des villes de notre route vers l'Italie. Les Italiens sont si scrupuleux dans la plupart de leurs villes, surtout celles que j'ai traversées en Lombardie, qu'ils n'admettront pas un étranger dans les murailles de leur ville s'il n'apporte un billet de santé de la dernière ville dont il vient, pour attester qu'il n'avait aucune maladie contagieuse dans sa dernière ville de séjour. Les Vénitiens sont particulièrement stricts sur cette formalité, à ce point que personne ne peut être reçu à Venise sans un billet de santé, voulut-il payer cent ducats. Mais je n'ai pas trouvé la même rigueur dans les villes de Lombardie où j'ai passé en revenant de Venise, car on m'a laissé entrer à Vicence, à Vérone, à Brescia, à Bergame, etc., sans me demander de billet de santé.

« Celui qui voudra être bien informé des principales

antiquités et des choses mémorables de cette ville fameuse, devra lire un ouvrage latin de Symphorien Champier (*Symphorianus Campegius*), français et savant chevalier, natif de cette cité, qui en a écrit copieusement et avec éloquence. J'ai eu le bonheur de voir son livre chez un savant gentilhomme de cette ville qui me l'a aimablement communiqué pendant un moment, mais j'en ai fait si peu d'usage, et même à vrai dire aucun, que depuis j'ai souvent regretté de ne pas en avoir profité davantage.

« En voilà assez sur Lyon.

« Je suis resté à Lyon deux jours entiers, et j'en suis parti à cheval, à deux heures de l'après-midi, le lundi 6 juin. A huit heures et demie du soir, je suis arrivé à une paroisse appelée Vorpillère (1), qui est à dix milles de Lyon. Sur la route, je n'ai rien vu qu'une grande quantité de noyers et de châtaigniers, des hordes de cochons noirs et des troupeaux de moutons également noirs.

« J'ai quitté à cheval Vorpillère le mardi 7 juin, à six heures et demie du matin, et à onze heures du soir je suis arrivé à environ dix milles de là, à une paroisse qu'on appelle *La Tour du Pin* (2) ; sur la route je n'ai rien vu de remarquable.

« Je suis parti de La Tour-du-Pin vers deux heures de l'après-midi, et je suis arrivé vers six heures à un endroit appelé Pont-de-Beauvoisin. Entre ces deux endroits, il y a six milles de distance, et c'est à Pont de Beauvoisin que se touchent la France et la Savoie, qui sont séparées par ce pont. Quand j'étais de ce côté sur le pont, j'étais en France, et de l'autre côté en Savoie. »

FIN DE MES OBSERVATIONS EN FRANCE.

---

(1) La Verpillière, département de l'Isère.
(2) Département de l'Isère également.

Dans un passage postérieur, il est encore question de Lyon :

« Il y a à Chambéry comme à Lyon un collège de jésuites. Les fenêtres de beaucoup de maisons de la ville sont en papier comme à Lyon. Il est venu, comme à Lyon, des religieuses dans notre chambre pour nous demander de l'argent. »

www.ingramcontent.com/pod-product-compliance
Lightning Source LLC
Chambersburg PA
CBHW060901050426
42453CB00011B/2065